영성 수련을 통한 내면의 변화

분도소책 64

Herbert Alphonso S.J.
THE PERSONAL VOCATION
Transformation in Depth through the Spiritual Exercises

© Centrum Ignatianum Spiritualitatis, Rome 1990

Translated by Dominica Kim
© Benedict Press, Waegwan, Korea 1995

영성 수련을 통한 내면의 변화
1995년 2월 초판 ı 2010년 3월 4쇄
옮긴이 · 김 도미니까 ı 펴낸이 · 이형우

ⓒ 분도출판사

등록 · 1962년 5월 7일 라15호
718-806 경북 칠곡군 왜관읍 왜관리 134의 1
왜관 본사 · 전화 054-970-2400 · 팩스 054-971-0179
서울 지사 · 전화 02-2266-3605 · 팩스 02-2271-3605

www.bundobook.co.kr

ISBN 89-419-9503-5 02230
ISBN 89-419-0055-7 (세트)

값 3,500원

허버트 알폰소

영성 수련을 통한
내면의 변화

개인 성소

김 도미니까 옮김

분도출판사

나에게 살아 있는 신앙을 심어 주신
부모님, 가스팔과 애니 님께
감사드리며

특별히
내가 오늘 예수회 사제로서 사는 데
그 누구보다 힘이 되어 준
누님 로시에게
감사하는 마음으로

머 리 말

몇 년 전부터 "개인 성소"에 대한 내 강의 내용을 긍정적으로 받아들인 친구들이 이 주제에 대해 글로 써 볼 것을 권해 왔다. 그래서 1986년에는 이냐시오 영성 센터에서 "수도생활과 관상적 측면"이라는 주제로 "개인 성소"를 다루어 카세트 테이프를 여섯 개 만들었다.

그때까지도 글을 쓰지 못했는데 1989년 9월 12~16일에 스페인 살라망카에서 열리는 "심리학과 성 이냐시오의 영성 수련" 국제 심포지엄에서 논문을 발표해 달라는 요청이 왔다. 주제는 "영성 수련 체험중의 자아 변화"였다.

그런데 하필 그 기간에 맡은 프로그램이 있어 참석이 어려웠다. 주최측에서는 심포지엄에는 참석 못하더라도 논문만은 꼭 보내 달라고 부탁을 했다. 특히 "개인 성소"를 주제로 써 달라고 했다. 그래서 9월 초에 "개인 성소: 영성 수련을 통한 내면의 변화"라는 주제로 글을 써 보냈다. 이 글은 이냐시오의 해(1990년 9월~1991년 7월) 동안 출간하게 될 논문집에 스페인어로 선보이게 될 것이다. 나는 이냐시오 기념제의 준비로 기고된 글을 좀더 손질하여 영어판으로 책자를 내게 되어 기쁘다. 이 소책자로 사부 성 이냐시오께 대한 사랑과 감사를 드러낼 수 있기를 바란다.

1989년 9월 27일, 예수회 탄생 449년 기념제에
허버트 알폰소

차 례

실 마 리

이냐시오 영성 수련에서 얻게 되는 개인적 변화는 "선택"이란 수련 과정중에 식별 부분에서 이루어진다. 나는 이 사실을 수년 동안 배워 왔고, 확신에 도달하게 되었다. 이것들은 내적 자유가 점점 성숙되어 가는 역동적인 과정을 통하여 이루어진다. "선택" 과정이란, 하느님으로부터 불리어진 한 인간이 삶의 양식을 식별하거나 또는 이미 선택한 삶의 양식을 쇄신하는 것이라 이해할 수 있다. 선택의 과정에서 얻어지는 "식별" 부분에서는 일련의 구체적인 결심이 따르는데, 이 결심들은 실제 행동으로 옮길 경우 바람직한 쇄신과 인격적인 변화를 얻게 될 것이다.

나는 1965년, 8일간의 연중 피정중에 나를 사로잡은 영적 체험을 하였다. 이 체험은 나의 개인생활과 사도직에 대한 태도를 철저하고도 완전하게 바꾸어 놓았다. 나는 내 삶에서 이 단 하나의 고귀한 은총에 계속 응답하면서 살고, 바로 거기서 이냐시오 성인의 영성 수련에 대한 참된 이해와 실천 그리고 영성 수련 지도에 필요한 풍부한 은총을 끊임없이 길어내고 있다. 나는 그것을 아직 싹이 나지 않은 씨앗(a seminal) 선물이요 은총이라 즐겨 부른다. 신학과 영성의 모든 분야에서 그리고 성령의 사도직에서 나는 계속 나에게 열려진 새롭고 신선한 전망을 위해 아직도 은총을 길어내고 있다. 삶과 사도직을 영위하면서 체험하게 되는 풍부한 모든 것을 인격적인 차원에서 하나로 묶어주는 구심점이 내게 생기게 된 것이다.

내가 앞에서 내 삶에서 유일무이한 심오한 은총이라 묘사할 수 있는 것은 1965년 피정중에 하느님께서 "나를 지명하여 부르신"(calling me by name) 가장 심오한 "자아", 즉 되풀이될 수 없는 나의 **고유성**을 발견했음을 뜻한다. 매우 참되고 심오한 "자아"를 식별하는 것이 이냐시오 영성 수련의 목적인 "선택"의 가장 심오하며 근원적인 참된 의미라는 것을 깨닫게 되었다. 이 참되고 심오한 "자아", 하느님께서 주신 **고유성**을 나는 "개인 성소"라고 부른다. 그밖에, 어떤 사람에게서 삶의 가장 심오한 변화는 자신의 "개인 성소"를 실제로 깨닫고 그 부르심에 따라 살면서 이루어진다는 것을 나 자신의 체험과 영의 사도직을 통해 알게 되었다.

I

이냐시오 영성 수련에서의
"선 택"

이냐시오 영성 수련은 비록 이것이 한 개인의 "삶의 양식"을 식별하는 것이 아니라고 할지언정, 이 영성 수련을 통해 일련의 "결심"을 구체적으로 끌어내야 한다고 언급되어 왔고 기록되어 있다. 그 결심은 특별히 현재 그 사람의 개인생활 상황 안에서 이루어져야 하는 지속적인 쇄신과 변화를 가리킨다. 이런 변화가 진정으로 효과적이려면, 몇 가지 아주 구체적이고 실행 가능한 "결심"을 하면 더 바람직하다고 우리 모두는 분명하게 배웠다.

그러면 사실상 "결심"이란 무엇을 말하는가? 그것은 기도나 반성중에 깨닫게 된 잘못이나 부족한 점들, 또는 긍정적으로 지지와 격려가 필요한 몇 가지 점에 대해 자신이 결정적이고 지속적인 노력을 하려는 결단이다. 이런 "결심"은, 예를 들어 다른 사람과의 관계, 직책, 사명, 사도직이나 기도, 학업과 같은 생활에서 요구되는 자기 수련과 연관된 것이다. 솔직히 직면해 보자: 이런 "결심"을 하기 위해 이냐시오 영성 수련의 심오한 역동성 전체가 꼭 필요한가? 즉, 규칙적이고 적당한 영적 지도 아래 그 체험을 식별하기 위해 (30일간 매일 4~5시간씩) 지속적인 기도 체험을 하는 것을 필요로 하는가? (기도 후에 매번 다시 그 기도를 음미하고, 그 체험을 지도자에게 털어놓게 되면 지도자는 피정하는 사람으로 하여금 그 체험을 이해하고 받아들이며, 그 체험을 통해서 차츰 하느님께서 말씀하시는 것을 찾아내도록 돕는다.) 마치 시인 호레이스(Horace)가 "산들이 산고를 겪는다. 태어난 것은 엉뚱한 작은 생쥐에 불과하다!"라고 말했듯이, 솔직히 전체적으로 전혀 조화가 이루어지지 않는다. 이런 "결심"을 하기 위해서는 기도와 반성 그리고 의논을 하기 위해 필요한 반나절, 혹은 하루 피정으로 충분치 않을까?

영성 수련에서의 심오함과 역동성을 조화롭게 하는 단 한 가지 일은 하느님께 자신의 삶을 온전히 내맡길 수 있도록 자신의 삶 전부를 — 통째로 — 내거는 일일 것이다. 이는 성서적 의미에서의 "메타노이아", 즉 삶의 방향을 바꾸는 "회개"를 말하는 것이다. 그러기에 영성 수련의 본질과 목적이 "영혼으로 하여금 온갖 무절제한 애착에서 벗어나도록 영혼을 준비하고 내맡김으로, 집착에서 벗어난 후에는, **영혼 구원을 위해 나의 삶에서 하느님의 뜻을 구하고 찾는** 모든 방법"(영성 수련 1)이라고 이냐시오 성인이 말한 것은 이상한 일이 아니다. 달리 말하면, 영성 수련의 목적은 "선택", 혹은 구원을 위해 **나의 삶을 조절하거나 질서 있게 방향을 잡아** 하느님의 뜻을 구하고 찾는 것이라 하겠다.

내가 "구원을 위하여 나의 삶을 조절하거나 질서있게 방향을 잡으면서 하느님의 뜻"을 이해할 수 있는 한 가지 길은 분명히 하느님께서 나를 부르신 삶의 양식이다. 그러나 그것이 하느님의 뜻을 가장 깊고 철저하게 이해하는 것은 결코 아니다. 가장 깊은 차원에서 보면, 사실 "구원을 위하여 나의 삶을 조절하거나 질서있게 방향을 잡는 데 있어서 하느님의 뜻"은 반복될 수 없는 나의 **고유성**이며, 하느님이 나를 부르시는 나의 "이름"이다. 가장 참되고 심오한 나의 "자아", 내가 "개인 성소"라고 부르는 것이다. 이냐시오 영성 수련을 하는 과정에서 그리고 이의 역동성에서 "선택"의 참 의미는 **나를 위한 하느님의 계획 혹은 설계에 응하기 위한 내적 자유가 자라는 것을 의식하게 되어,** 자연히 나는 성소에 성실하고 너그럽게 응답하기 위해 내 삶에서 이를 마음으로 받아들일 수 있게 되기 때문이다. 그리고 나의 "삶의 양식"보다 더욱, 아니 가장 근원적인 것이 무엇일까 하고 묻지 않을 수 없다. 그것은 하느님께서 나에게 주신 고유성, 가장 심오하고 참된 나의 "자아", 나의 "개인 성소"야말로 바로 나를 위한 하느님의 계획과 설계임이 분명하다.

II

개인 성소

성서에 흐르는 하나의 근본적인 주제는 "이름지어 부르시는 것"이다. 나는 이 주제를 풍부하게 증명해 주는 여러 구절을 나열하려는 것은 아니다. 내가 분명히 말하고자 하는 것은 나라는 존재는, 결코 하느님을 향해 모여든 한 무리 속에 끼어 있는 어느 하나이거나, 일련의 숫자나, 하나의 카드 목록에 불과한 것이 아니라는 것이다. 나는 하느님께서 "나를 이름지어 부르신" 반복될 수 없는 고유한 존재다. 나는 이러한 사실을 나의 "개인적 정체성", "내 삶의 방향", 혹은 가장 심오하고 참된 나의 "자아"라고 그 특성을 묘사할 수 있다. 그러나 나는 이를 "개인 성소"라 부르기를 더욱 즐겨한다. 우리는 흔히 "성소"라고 하면 사제직과 수도 성소에 국한시키는 아쉬움이 있다. 마지못해서 결혼과 평신도 "성소"라고 점차적으로 우리는 말하고 있다. 사실 성서에서는 삶 안에서 하느님으로부터 어떤 특정한 방향이나 사명에로 불리는 모든 것을 "성소"라고 칭한다.

"개인 성소"의 의미에 대해 나 자신의 실제 경험을 이야기하면 가장 쉽게 이해할 수 있으리라 생각한다.

몇 년 전 예수회의 한 동료가 나를 찾아왔다. 그는 나와 친한 친구여서 자신의 개인생활에 관해 허물없이 털어놓았다. 그는 수년 동안 기도하지 않았다고 한다. 아주 드물게 기도하러 갔지만 그저 몸만 가 있었을 뿐 기도하지 않았다고 한다. 그가 기도를 아주 소홀히했다고 말할 때, 나는 그가 기도를 소홀히했다는 사실에 "얽매여" 있다는 인상을 받았다. 그래서 그에게 도움이 되려면 첫째로 그가 "기도를 소홀히"해 온 사실에 어느 정도 사로잡혀 있다는 것을 올바르게 볼 수 있도록, 거기서 거리를 두도록 해야겠다고 느꼈다. 그래서 지나가는 말로 이런 말을 해주었다: "자네는 아주 오랫동안 기도하지 않았다고 했네. 그런데 자네 삶에서 어떤 때 **자연스럽게** 하느님을 가깝게 느껴본 적이 있지 않았나? 이성으로 따져서가 아니라 **즉흥적으로**, 자네가 하느님과 하나되고 하느님과 가깝게 되어 자네 마음이 부풀어 오르는 것을 느낀 적이 있으면 말해 보게." 내 질문이 채 끝나기도 전에 그는 말했다: "물론이지, 내 삶을 돌이켜보고 **하느님이 내게 얼마나 좋은 분이셨나**를 생각할 때마다 나는 즉시 하느님이 내게 가깝게 다가오면서 그분과 하나됨을 느끼지." 나는 그의 눈이 반짝이고 있었으며 깊이 감동되어 말하고 있는 것을 볼 수 있었다. 그래서 "자네가 말하는 것을 보면, 하느님의 어지심이 자네에게 아주 큰 의미가 있어 보이네. 하느님의 어지심에 관해 한 번도 기도한 적이 없나?"라고 말을 건네었다. "한 번도 없네"라고 그는 되받았다. 그리고 그는 내 질문에 놀라 방어 자세를 취하고 공격적으로 거침없이 내뱉았다: "게다가 내가 하느님의 어지심에 관해 얼마나 오랫동안 기도할 수 있다고 자네는 생각하나?" 그는 자신이 그런 일에 싫증내게 되리라는 것을 이해해 주기를 바라는 듯했다. 나는 조심스럽게 듣고 나서 "자네는 한 번도 하느님의 어지심에 관해 기도해 보지 않았다고 말했네. 자네가 그런 일에 싫증이 날 것이라고 판단을 내리기 전에 한번 해 보면 어떻겠나?" 나는 아주 조용히 말했다. "좋아, 해 보지"라면서 그는 내 방을 나갔다.

한 3주 후에 그 친구는 내 방에 들이닥치면서 "허비, 나는 하느님의 어지심에 관해 항상 기도할 수 있네. 할 수 있구말구. 자네가 옳았네" 하면서 자신에 대한 엄청난 발견에 대해 쏟아 놓았다. 솔직히 고백해야겠는데, 3주 전 그 친구의 공격적인 방어 태세에 나는 좀 불쾌했었으므로 "뭐, 겨우 3주밖에 안 되었는데, 아마도 좀 더 해 보면 자네는 싫증날 걸세!"라고 비꼬아 주었다. 하느님의 어지심에 관해 항상 기도할 수 있다는 자신의 발견을 그토록 열정적으로 쏟아 놓던 이 예수회원은 풀이 죽어 슬며시 내 방을 빠져 나갔다. 순간적으로 나는 무슨 일이 일어났는지 깨달았고 나 자신에게 외쳤다: "오 하느님, 비웃는 말로 그를 잃었습니다!" 그날 나는 착하지 못했지만 하느님은 선하셨다.

내 생각과는 달리 이 중년 예수회 회원은 3주가 아니라, 꼭 넉 달 반 만에 다시 찾아왔다. 이번에는 내 방으로 막 쳐들어 오지 않았다. 발뒤꿈치를 들고 조용히 들어와 말했다: "그렇지만 … 진정이야, 허비. 나는 하느님의 어지심을 **언제나** 기도할 수 있네." 그때는 다행히 나도 교훈을 얻은 뒤라, 즉시 그를 환영하였다. "좀 앉게나." 그는 하느님의 어지심이 자신에게 의미를 가져다주게 된 마음 속의 이야기를 털어놓기 시작하였다. 그에게 있어 하느님의 어지심은 기도의 비결만이 아니라, 사도직의 비결이요, 예수회 공동체 안팎에서 모든 인간 관계의 비결이며 오락과 휴식에서도 진정으로 하나의 비결이 되었다. 그가 이야기를 마쳤을 때 나는 깊이 감동되어 자연스럽게 말했다: "아! 자네는 자네의 개인 성소가 하느님의 어지심이란 것을 식별했네!"

바로 이 특별한 사건은 아주 명확하게 개인 성소의 참된 의미를 여러 가지 다른 차원에서 설명하게 도와주었다. 이런 농도 짙은 실재를 우리는 그저 단번에 이해할 수 없다. 우리는 여러 다른 관점이나 차원에서 이를 다루어야 한다.

개인 성소:
내면적 삶의 일치와 통합의 비결

우리 모두는, 특히 활동적인 사도직에 종사하고 있는 우리들은 일치와 통합을 갈망하고 있다. 나에게 영적 지도를 받으러 오는, 활동적인 사도직에 종사하는 사람들의 울부짖음은 마음 속에 일치와 통합이 이루어지기를 갈망하는 부르짖음이다: "나는 하루종일 이것 저것 얼마나 많은 일을 해야 하는지 … 하루를 마칠 때쯤이면 기진맥진하고 산만하고 흐트러진다. 내가 **한 가지 일만** 집중해서 할 수 있으면 얼마나 좋을지!" 우리가 완전해지고 성숙해질수록 더욱 단순해지는 게 아닌가? 빈곤에서 오는 것이 아니라 마음 속 깊이 집중된 풍요에서 오는 단순성으로 말이다.

우리는 저 중년 예수회 회원처럼 사실 **단 한 가지**에만 몰두하고 있을 수 있다. 그에게 있어서 기도의 비결은 "하느님의 어지심"이었다. 기도는 우리가 어떤 것을 하느님께 드리는 것이 아니다(우리는 아무것도 하느님께 드릴 수 없다). 기도란 오히려 하느님께서 자신을 우리에게 주실 수 있도록 우리 마음을 여는 것이다. 우리 마음을 가장 깊이 움직이고 진정으로 우리 자신이 되며 우리 각자가 단순해지는 **고유한** 곳이 되는 우리 존재의 심연이 아니라면 우리 마음을 어디서 가장 잘 열 수 있을까? 저 예수회 회원의 사도직, 인간관계, 휴식과 오락의 비결이 "하느님의 어지심"에서 비롯된 것이었다. 이 모든 일에서 그는 다른 이들에게 "어지신 하느님"이 되려는 노력만을 했을 뿐이었다고 말했다. 그가 느꼈던 "하느님의 어지심"이 그의 마음과 존재를 그토록 가득 채웠다. 그래서 그것은 그의 생활의 유일한 도전으로, 그의 사도직에서처럼, 인간관계와 오락과 휴식에서도 그는 다른 사람들이 "어지신 하느님"을 체험하는 매개체가 되어야 했다. 그의 "개인 성소"인 하느님의 어지심은 사실 그의 전체 생활에서 그를 일치와 통합으로 이끄는 비결이 되었다.

그러나 "하느님의 어지심"이 어떻게 **되풀이될 수 없는 고유한** 것인지 어떤 이는 물을 수 있다. 그것은 너무나 일반적인 것으로 여겨진다. 성서를 펴보면, 사실 거의 두 쪽마다 "하느님의 어지심"을 발견하게 될 것이다. 우선 이미지를 찾아 보도록 하자. **내가** 성서를 펴서 "하느님의 어지심"이란 단어를 찾으면, 분명히 성서에서 이 두 개의 단어를 보게 될 것이다, 나는 이 두 단어를 여러 단어들 가운데 그저 중요한 두 단어로 보게 될 것이다. 그러나 저 중년의 예수회 회원에게는 그렇지 않았다. 성서를 열어 읽어 내려가다가, 그의 눈이 "하느님의 어지심"이란 구절에 이르게 되면 이 두

단어는 다른 중요한 단어들 중에 그저 중요한 두 단어
로만 보이지 않았다. 그렇다. 하느님의 어지심이란 단
어는 그에게 "영과 생명"(요한 6,63 참조)이었기에 뚜
렷하고 두드러지고 의미있게 타올라 빛나게 되었다.
　"하느님의 어지심"과 같은 구절이 어떻게 반복될 수
없는 고유한 것일 수 있는지 우리의 이해를 돕는 깊은
심리적 근거가 있다. 우리가 아주 친한 친구와 깊은 체
험을 나누려고 해본 적이 있다면, 우리가 나누려는 핵
심에 이르러 끝내 포기하고 마는 경험을 하게 된다. 그
래서, "미안해, 내가 체험한 진수를 나는 전혀 말로 표
현할 수 없어. 네가 묻기 전에는 알고 있었는데, 네가
물으니 나는 모르겠어!"라고 힘없이 말하게 된다. "가
장 개인적인 것은 표현될 수 없으며, 전달될 수 없기"
때문이다. 개인적 지식, 혹은 영성 수련에서 이냐시오
성인이 거듭거듭 장엄하게 "내적 지식"이라 부르는 것
은 개념적 지식이 아니라, 마음으로 아는 것이다. 개념
화할 수 있는 것만 우리는 언어로 표현할 수 있다. 개
인의 심오한 체험을 나눌 때 부족하고 정확하지 못한
인간의 언어로 그것을 표현하는 데 그치기 때문이다.
우리가 하느님께서 주신 고유성, 즉 우리의 가장 깊은
개인 체험을 발견하여 그것을 간명하게 표현하려 할
때 놀라지 않는가? 우리는 그 체험을 겉으로 매우 일반
적으로 들리는 분명치 못한 인간의 언어로 포착하게
된다. 그러나 우리 존재와 우리의 가장 깊고 참된 자아

와 되풀이될 수 없는 고유성의 정수에서 그것은 우리에게 말한다.

사람들이 그들의 "개인 성소"를 식별하며 그것에 응답하는 삶을 살도록 돕는 나 자신의 개인적 체험은, 나 자신의 독특한 경우처럼, 충분히 이를 뒷받침해 준다. 몇몇 실제 인물들의 참된 "개인 성소들"을 예로 들어 본다. 그들은 내가 적합하다고 생각할 때마다 인용할 수 있도록 친절하게 허락해 주었다: "내가 너와 함께 있다"; "인내로운 사랑"; "용서하는 사랑"; "조건없이 받아들임"; "내 사랑에 머물러라"; "단순히 선물"; "단지 그분이 언제나 거기에서 할 수 있다"(이 특별한 경우에 중요한 단어는 "거기에서"다. 이는 관련된 사람에게 가장 심오하며 개인적이다). 하느님이시며 사람이신 예수의 개인 성소는 단 한 마디 "아빠" 안에 함축되었다는 것을 나는 전혀 의심치 않는다. 그것은 그분의 전 생애와 사명을 요약해 주었다. 이 사실 자체를 복음서에서 나에게 외치고 있다(예를 들어, 예수께서 율법 학자들과 바리사이들과의 논쟁에서 가졌던 단 하나의 요지를 알아듣기 위해 요한 5-10장, 혹은 기쁨에 넘치는 위로의 순간에 예수의 반응은 루가 10,21, 그리고 슬픔을 깊이 느끼실 때 그분의 반응은 루가 22,39 이하에서 읽어 보라. 그것은 언제나 "아빠"이다!). 위에 내가 인용한 모든 개인 성소들은 우리 귀에 매우 일반적인 것으로 들린다. 예수의 "아빠"까지도 그렇다. 예수께서 그분 자신의 "아빠"를 우리와 나누셨으므로 우리도 "아빠"라 부른다. 그러나 "아빠"가 예수께 주는 의미는 예수 자신에게 아주 개인적이고 고유한 것이어서, 그 단어가 우리에게 주는 의미와는 전혀 다르다. 이 되풀이될 수 없는 고유성에 관해 우리는 복음서에서 희미하게 감지할 뿐이다. 그러므로 "개인 성소"를 언어로 간명하게 표현하는 것은 이를 읽거나 듣는 이들에게 아주 일반적으로 들린다. 그러나 그것이 특정한 개인의 "개인 성소"로 표현한 것은 되풀이될 수 없기에 고유한 것이다.

그러므로 여러 사람들이 다 같은 불확실한 인간의 언어로 그들의 "개인 성소"를 "내가 너와 함께 있다"라고 알아들었다는 것을 발견하는 것은 놀랄 일이 아니다. 이 말이 이들 한 사람 한 사람에게 의미하는 바는 되풀이될 수 없기에 고유한 것이다. 나는 영적 지도를 하면서 이것을 충분히 경험했다. 영적 지도를 하면서 나는 특정한 사람이 자신의 삶과 체험에 전적으로 반응하는 이 독특한 고유성에 관해 "느낌"을 얻게 된다.

②

개인 성소:
삶에 하느님께서 주신 고유한 의미

나 자신의 "개인 성소"를 식별할 은혜를 받은 지 1년 반쯤 지났을 때 빅톨 프랭클이 쓴 『죽음의 수용소』(*Man's Search for Meaning*)라는 책을 처음 읽었다. 이 책을 읽으면서 나는 계속 눈이 휘둥그래졌다. 프랭클이 서술한 모든 것에 나는 깊이 감동하고 흥분해서, "이 사람이 말하고 있는 것을 나는 안다고 생각한다"라고 나 자신에게 거듭 말했다. 프랭클은 그의 책에서 그가 억류되었던 아우슈비츠의 나치 강제 수용소에서 "로고테라피"란 심리요법에 관한 새로운 학문을 어떻게 발견했는지 이야기하기 때문이다. 피교육자의 임상적 눈으로, 그의 동료 수감자들이 먼저 심리적으로 쇠약해져 육체적으로도 죽어간다는 것을 어떻게 인지하기 시작했는지 이야기한다: 그들은 살아야 할 "의미"가 없었다. 그래서 그들은 버티려는 노력을 하지 않고 죽음에 굴복해 버렸다. 아주 조심스럽게 프랭클은 동료 수감자들과의 지나가는 이야기 중에 그들의 삶에서 "의미"를 집어내기 시작했다. 그러고 나서 그는 아주 자연스럽게 그리고 눈치채지 못하게 동료 수감자들

의 삶에 그들에게서 끌어낸 그들 각자의 "의미"를 불어
넣기 시작했다. 그는 강제 수용소에서 실제로 그들의
생명을 포기했던 동료들이 갑자기 생기가 돌고, 어떤
고문, 어떤 시련, 어떤 힘든 일도 견디어 낼 수 있다는
놀라운 사실을 발견했다. 그리고 그의 책에 이에 관해
구체적으로 몇 가지 실례를 들고, 그들의 삶 속에 불어
넣어져 그들 자신의 것이 된 의미들에 감사했다. 프랭
클은 이러한 점들을 발견해서 후에 "로고테라피"로 발
전시켰다. 즉, 사람들의 삶에 "의미"(*logos*)를 부여함
으로써 그들을 완전하게(therapy) 만든다는 것이다.
"로고스"(*logos*)의 본래의 뜻은 "의미"이고 둘째 뜻이
"말"(word)이다.

그러나 내가 프랭클의 책을 읽고 여러 번 반복하여
탐독하면서 깨달은 것은 프랭클은 한 사람의 삶에 사
람으로 부여할 수 있는 여러 가지 가능한 의미들 중 하
나를 심리학 차원에서 이야기했다는 것이다. 하느님께
서 나에게 가르쳐 주신 차원은 영성의 차원이었음을
깨달았다. 사람이 부여한 여러 가지 가능한 의미들 중
하나에 불과한 것이 아니라 한 사람의 삶에 **하느님께
서 부여하신 고유한 의미**를 나는 깨달았다. 심리학
과 영성의 두 가지 학문을 다 탐구하는 학도로서 나는
이 두 가지 분야를 — 참으로 이 두 세계를 — 따로 떼
어 놓아서는 절대로 안된다는 생각을 항상 해왔으며
이에 대한 나의 확신은 점점 더 확고해졌다. 자연과 은

총처럼, 이 두 가지는 유기적으로 밀접하게 연결되어 있다. 내 나름대로 표현하자면 어떤 이가 영성에 대해 어떻게 보든지간에 영성은 심리학의 가장 깊고 가장 높은 차원이라 하겠다.

더 나아가 내가 여태까지 강조해 온 "개인 성소"에 있어서 심리학과 영성의 두 가지 측면 사이에는 밀접하고 친밀한 관계가 있다. 사실 "개인 성소"는 삶 안에서 하느님께서 부여하신 고유한 의미임이 분명하기 때문에, 삶 전체의 **구심점**이 되어 일치와 통합의 비결이 된다. 이 의미만큼 철저히 일치시키고 통합시킬 수 있는 것은 아무것도 없기 때문이다. 우리는 의미있는 것을 내면화하고 그것과 융화되기 위해서 의미가 없는 것들을 자연적으로 떨쳐버린다.

잘 알려진 하나의 예가 이를 분명하게 해줄 것이다. 우리가 심리학에 관해 무지했을 때도, 우리는 사람들의 문제를 "해결"해 주는 일에 관해 말하곤 했다. 한 이미지를 들어 본다면, 그것은 가위를 가져다가 문제를 "잘라내어" 내던져 버리는 것과 같다. 우리는 더 이상 이렇게 말하지 않는다. 내가 걸어 왔던 나의 과거 역사를 청산하고 싶다고 하여 그렇게 할 수 있는 것이 아님을 나는 안다. 내 삶에서 "문제"가 되어 왔던 것은 항상 나의 일부로 남을 것이다. 그것이 더 이상 문제시 되지 않는다면, 이는 그것이 더 이상 나의 일부요 나의 과거 역사로 남아 있지 않기 때문이 아니다. 그것이 더 이상 문제시되지 않는다라는 것은 — 우리가 요즘 널리 사용하고 있는 언어를 주의깊게 살펴볼 수도 있는데 — 이는 그것이 지금은 "제자리를 찾았기" 때문이며, 그것은 "이치에 맞게" 되었기 때문이고, 그것은 "의미로 채워졌기" 때문이며, 그것은 "통합"되었기 때문이다라고 우리는 말한다. 그것은 한쪽 귀퉁이에 불편하게 들러붙어 있었을 때 문제시되었다. 이제 그것은 "둥글게 다듬어져" 내 삶에 "통합"되었다.

③

개인 성소:
그리스도론적 견해

객관적으로 말해서, 어떤 부르심도 그리스도 예수의 인격을 통하지 않고는 하느님으로부터 사람에게 전달될 수 없다. 그리고 그리스도 예수의 인격 밖에서 하느님의 부르심에 응답하지 못한다. 이는 그리스도의 유일무이한 중재에 대한 근본적인 성서적 진리를 표현하는 단 하나의 길이다: "한 분인 하느님이 계시고 하느님과 인간 사이에 한 분의 중재자인 인간 그리스도 예수가 계실 뿐이다"(1디모 2,5).

그러므로 모든 성소는 그리스도 예수 안에 있다. 그리스도 예수의 인격이야말로 한없이 풍요롭기에 그분의 인격은 모든 부르심과 소명들을 품어 안는다. 그래서 우리 중의 어떤 이가 "개인 성소"를 지닌다면 이는 그리스도 예수 안에만 존재할 수 있다. 이는 각자에게 알맞는 그리스도 예수의 "얼굴", 그리스도 예수의 인격의 한 국면이 있다는 것을 의미한다. 그래서 각자는 참으로 "**나의** 예수"에 관해 말할 수 있다. 그저 신심으로서가 아니라 신학적이고 교의적인 깊은 의미에서 말이다.

사실 이는 세례성사에 관한 신학이 아주 의미있게 지적하고 있는 바이다. "그리스도 예수 안에서 세례를 받았다"(로마 6,3 참조)라는 신약성서의 구절은 우리 각자가 그리스도 예수 안으로 — 물론 그 신비 안으로 — "잠겨들어" 갔다는 것을 시사한다. 그래서 우리는 처음부터 유일하게 개인적인 방법으로 그리스도 예수를 "걸치거나" "입는" 것이다. 성자 예수 외에는 어느 누구에게도 만족하실 수 없는 성부께서는 우리 개개인이 지닌 예수의 "얼굴"을 알아보시며 말씀하신다: "너는 내 사랑하는 아들, 네 안에서 나의 기쁨을 찾는다"(마르 1,11 참조). 우리 그리스도인의 삶의 목적은 — 말하자면 그리스도인의 노력은 — 우리 개개인을 위한 성숙을 향해 이 고유한 개인적 예수를 "입는" 일이다. 우리 개개인을 위한 하느님의 계획은 우리가 "당신의 아들과 같은 모습을 지니게 되는 것"(로마 8,29)이고 "우리 모두가 성숙한 인간으로서 그리스도의 완전성에 도달하게 되는 것"(에페 4,13)이기 때문이다. 이러한 일이 그저 총괄적인 방법으로가 아니라 우리 개개인을 위해 아주 개인적이고 고유한 방법으로써 이루어지기를 하느님은 원하신다.

그래서 개인 성소가 그저 어떤 추상적인 개인의 이상이 아니라는 것을 이해함은 중요한 일이다. 그것은 하나의 **인격**이다. 진정으로 고유한 의미에서 그리스도 예수 자신의 인격이다. 그래서 나는 진정한 의미에서

"**나의** 예수"에 관해 말할 수 있다. 따라서 나의 그리스도교적 삶 전부를 어떻게라고는 보여주지 못하지만 내가 항상 그래야 한다고 배워 왔던 모양으로 변화된다. 참으로 그리스도 예수와 나와의 성숙하고 심도 깊은 상호 인격적 사랑의 관계로 — 분명히 사회적 책임감과 그리스도인의 증거와 사명을 향해 열려진 마음을 지닌 자로 — 변화된다고 말할 수 있다.

그의 개인 성소를 "하느님의 어지심"으로 인식했던 중년 예수회원에 관한 이야기로 돌아가자: **그가** 알고 있는 그리스도 예수는 누구인가? **착한** 사마리아인의 비유에서나, **어진** 목자의 비유에서, 혹은 사도행전 10,38에 예수의 일생과 사명에 대해 "그분은 두루 다니시며 **선한** 일을 해 주셨다"라고 아주 간결하게 요약해서 표현된 어진 예수라는 것이 명백한 사실이다.

개인 성소가 한 사람의 삶에서 하느님이 주신 고유한 **의미**가 된다는 참뜻을 우리는 이제 알아들을 수 있다. 하느님 아버지에게 그리스도 예수 외에는 다른 의미가 없기 때문이다. 우리가 말하는 "로고스"(*logos*)의 우선적인 뜻은 "의미"인데, 그리스도 예수는 성부의 "로고스"이다. 바울로 사도는 광범위한 우주적 측면을 노래한 찬미가에서 그리스도 예수 안에서, 그분을 통해서 그리고 그분을 위해서 모든 것이 창조되었다고 선포한다. 그리스도 예수 안에서, 그분을 통해서, 그리고 그분을 위해서 모든 것이 다시 창조되었고 새로워지고 화해하게 되었다고도 한다(골로 1,12-20). 그리스도 예수는 모든 창조와 새로운 창조의 알파요 오메가이다. 그분은 성부께 단 하나의 "의미"이다.

　그런데 내가 "개인 성소"의 깊이와 아름다움을 이해하기 위해 택한 세 가지 방법은 서로 밀접히 연결되어 떼어 놓을 수 없다. "개인 성소"는 삶에 하느님께서 부여하신 고유한 의미이기에, 삶에서 구심점이 되어 일치와 통합을 이루게 하는 가장 심오한 비결이라는 것을 우리는 보았다. 다시 말하면, 개인 성소는 우리 각자에게 개인적 예수이므로 개인적인 삶에 하느님께서 부여하신 고유한 의미이다. 성부께는 그리스도 예수를 제외하고는 아무런 의미가 없다.

④

개인 성소를 이해하는 데서 오는 결과

이제까지 이야기한 모든 것에서 "개인 성소"는 교계제도를 구성하고 있는 성소와 같은 차원에 놓여 있는 것이 **아니**라는 것이 드러난다. 내가 열 명의 예수회 사제들로 구성된 한 집단을 택했다고 하자. 이들 각 사람은 다음 네 가지 교계제도를 이루는, 즉 그리스도인, 사제, 수도자 그리고 예수회 회원으로서 살도록 불리었다. 이들 각자의 "개인 성소"는 교계제도를 구성하는 다섯째 차원이 아니다. 그것은 오히려 교계제도를 이루는 성소의 네 가지 차원을 하나하나 활성화하는 **영**이다. 달리 말하면, 이들 열 명의 예수회 회원들 하나하나는 그리스도인, 사제, 수도자와 예수회 회원이 되는 **각자 나름대로의 고유한** 길을 지닌다. 그리고 신약성서에서 그토록 끊임없이 강조하여 가르치는 "그리스도인"의 독특한 표지와 특성을 이해한다면, 즉 "그리스도인"의 전형적인 식별의 기준이 자기 봉헌과 자기 포기, 혹은 신학적·영성적 의미에서 우리가 보통 말하는 "십자가"임을 이해한다면, 우리 한 사람 한 사람은 자신의 "개인 성소" 안에서 어떤 인간 체험이든 자신을 봉헌하고 내어맡기는 자신의 고유한 길을 가진다. 삶에서 심오한 인격 변화를 위해 개인 성소가 내포하는 바를 우리 중 어느 누구도 잃어버릴 수 없다. 이에 관해서는 마지막 장에서 다시 말하겠다.

"개인 성소"는 무엇을 한다거나 혹은 직능의 차원과 관련되는 것이 **아니라**, **존재의 차원**과 연결되어 있다는 것이 분명해야 한다. "성소"란 말이 ─ 엄밀한 뜻에서는 그럴지라도 ─ 그저 직능이나 행동하는 것으로 풀이하는 것은 슬픈 일이다. 직능이나 무슨 일을 하는 차원은 어느 날이든 반드시 위기에 돌입하고 말게 된다. 그것이 바로 직능이나 행위의 특성이다. 그렇게 되면 위기에 처할 때 의지할 "존재"의 원천이 없다. 나의 "성소"에 대한 이해가 순전히 직능과 행위에 국한되었기 때문에 나는 **헤어나올 수 없는** 위기에 처할 것이다. 불행하게도 이런 일이 많은 사람들에게 자주 일어난다. 그러나 이런 위기에 나의 "개인 성소" 안에서 나에게 고유하게 선물로 주어진 나의 "존재"의 근원에 내가 의지할 수 있다면, 나는 두려워할 필요가 없다. 나는 그런 위기를 극복할 수 있고, 참으로 그것을 내 삶에 "통합"할 수 있으니, 그런 위기에 "존재"의 차원에서 내가 찾을 수 있는 개인적 "의미"에 나는 감사한다. 모든 행위는 존재에서 흘러나오기 때문이다.

여기서 사도적 영성을 위해 언급한 광범위한 결과들을 지적하는 것이 타당할 것이다. "사도직 임무를 위해 언제나 준비된 마음 자세"를 갖추고 있는 일이 참된 사도적 영성의 독특한 표지 중 하나다. 내 삶의 "의미"가 내가 하고 있는 "행위"의 차원보다 더 깊고 근원적인 "존재"의 차원에 있다면, "사도직 임무"로서 나에게 맡겨진 어떤 일에서나 깊은 "의미"를 찾을 수 있다. 이는 나의 재능, 능력, 나 자신의 경험, 나의 성격과 기질의 약점들에 관해서까지 합법적인 장상과 대화를 하지 않아도 된다는 것을 의미하지는 않는다. 그러나 결국은, 신뢰를 가지고 대화를 한 후에는, 나는 폭넓은 사도직 분야와 봉사에서 절박하게 요구하는 "사도직 임무에 언제든지 자신을 내어놓을 자세로 임하게" 될 것이다.

III

개인 성소의 식별과 확인

①

식 별

"개인 성소"를 식별하는 **특별한** 방법은 실제로 이냐시
오 영성 수련을 하는 중에 이루어지는 것임을 나는 경
험했다. 이 책 첫째 장에서 언급한 대로, 이냐시오의
영성 수련의 자명한 목적인 "선택"의 가장 깊고 가장
근원적인 이해가 바로 "개인 성소"를 식별하는 것이기
때문이다.

영성 수련의 역동성을 이해한 사람에게는, 그 역동성
가운데 정규적으로 합당한 영적 지도를 통해 피정을
하는 사람 자신이 오래 지속되는 깊은 기도 체험에서
식별의 체험에로 이끌어 가는 것은 당연하다. 그러나
이는 우연한 기도 체험이 아니다. 그 목적은 정상적인
구원의 과정이다. 구원을 갈망하는 누구나 자기 자신
의 고유한 방법으로 객관적인 구원 역사 과정, 즉 고유
한 중재자이시며 구원자이신 예수 그리스도의 신비가
구체적으로 이 세상에서 실현된 역사적인 발전 안으로
들어가야 하기 때문이다. 이러한 기도 체험을 통해 하
느님께서 피정하는 이의 인격을 점점 더 깊은 차원에
서 자유롭게 하신다. 드러난 죄와 불완전하고 무질서
한 상태에서뿐만 아니라(첫째 주간), 피정하는 이의 가

치와 가치 체계와 생활 기준까지(둘째 주간 관상) 점점 더 깊게, 나아가 피정하는 이가 아주 열심히 고수해 온 삶의 안전성 차원에서까지 자유롭게 만드신다. 처음엔 감지하기 힘든 지성의 깊숙한 부분("두 개의 깃발" 묵상)에서, 다음에는 의지의 미묘한 동기("세 가지 종류의 사람들" 묵상)에서, 그리고 마지막으로 감성의 깊은 함정("세 가지 종류의 겸손" 묵상)에서 하느님은 피정하는 이를 자유롭게 만드신다.

점차적으로 많은 것에서부터 마음이 자유로워지면서, 피정하는 이는 성령의 활동에 더욱더 마음을 열게 된다. 그리고 또한 반대의 영들의 활동으로 성령의 활동을 거스르는 도전도 더욱 세차게 받게 된다. 달리 말하면 피정하는 이는 부지런히 그리고 주의깊게 알아차리게 되는, 올라가고 내려가는 내적인 영적 체험을 하게 된다. 가장 깊은 실존적인 차원(위에서 말한 삶의 "안전성" 차원)에서 자유롭게 된 체험 자체를 뒤돌아보면 영성 수련 체험을 시작하며 가졌던 편견이 아닌, 하느님의 눈으로 체험을 보게 된다. 피정하는 이는 성령의 표지와 열매들을 통해 내면에 뒤섞인 체험을 개괄적인 전망으로 하느님의 현존과 활동이 끊임없이 지속되는 요소들을 선명하게 들여다볼 수 있게 되는 경이로움을 느낀다. 그래서 피정하는 이의 되풀이될 수 없는 고유한 삶에서 **구원을 위해 하느님이 그를 부르시는 방향이나 일관된 경향**을 더듬어 보게 된다.

선택에 관한 첫째 장에서 인용한 이냐시오의 용어를 사용한다면, 이는 되풀이될 수 없는 고유한 존재인 피정하는 이의 "구원을 위해 그의 삶의 경향에 나타난 하느님의 뜻"(영성 수련 1)이다. 달리 말하면, 이는 피정하는 이의 가장 참되고 심오한 "자아"요, 하느님께서 그를 부르시는 고유한 "이름", 즉 그의 "개인 성소"임이 분명하다.

피정하는 이가 깊은 기도 체험을 지속함으로 인해 되풀이될 수 없는 고유한 방법으로 구원 역사의 정상적인 과정에로 들어가면, 그의 고유한 삶 속에서 구원에 대한 객관적이며 표준이 되는 방향을 발견하거나 식별하기 위한 자유가 마음 속에서 커지게 된다. 이런 과정을 통해 그가 확실히 성령의 인도하심을 받게 된다는 것은 놀랄 일이 아니다. 달리 말하면, 그는 "개인 성소"를 식별하게 된다는 것이다. 그리고, 지극히 개인적인 견지에서, 구원 역사의 객관적 과정이 유일한 구세주이시며 중재자이신 예수 그리스도의 신비에 관한 역사적 발전이란 것을 우리가 상기한다면, 피정하는 이가 궁극적으로 식별하게 되는 것은, 참으로 그의 고유한 예수의 "얼굴"이다.

확　인

영성 수련의 역동성 안에서, 이냐시오가 셋째와 넷째 주간이라 부르는 기간에 "선택"을 독특하게 "확인"(우리의 경우, 개인 성소를 확인함)하는 것과는 별도로, 피정을 지도하면서 경험하게 된 것은 개인 성소를 "확인"하는 아주 특별한 두 가지 경향이 있다는 것이다.

가) 지난 24년간, 나는 이냐시오 성인의 영성 수련 체험과 "개인 성소" 식별이 서로 규칙적으로 맞물려 돌아간다는 것을 경험해 왔기에 — 영성 수련 체험과 "개인 성소" 식별이 맞물리는 일은 이냐시오의 "선택"에 대한 참되고 근원적인 의미에 관한 나의 가장 깊은 확신으로 조명되어 쉽게 이해될 것이다 — 개인 성소를 실제로 식별한 후 이어서 따라오는 "확인"의 단계에서 피정하는 이는 매우 일관된 특징을 지닌 체험을 하는 것을 나는 알게 되었다.

　그가 식별한 "개인 성소"가, 태어나면서부터 구체적인 그의 삶의 역사 속에서 그를 항상 지켜왔다는 엄청난 사실에 점점 더 깊이 "눈을 뜨게" 된다. 피정하는 이가 자기 삶을 한 단계 한 단계 더듬어 가면서 독특한 그의 "개인 성소"의 흔적을 찾아 내는 것을 듣는 일은 대단한 체험이다. 피정하는 이가 자신의 체험을 열광적으로 나눌 때 나는 항상 조용히 이렇게 설명한다: "당신 삶의 역사 속에 당신의 개인 성소가 항상 함께 있었다고 해서 놀랍니까? 이것이 참으로 당신의 개인 성소라면, 그것은 **있었어야** 합니다. 이 피정중에 이것이 당신에게 주어진 것이 아니라, 성서의 말씀처럼, '당신 어머니 태중'에서부터 존재했습니다(이사 49,1 참조: '야훼께서 태중에 있는 나를 이미 부르셨고 내가 어머니의 뱃속에 있을 때에 이미 이름을 지어 주셨다'). 이것에 관해 당신은 지금에야 '눈을 떴고', 당신은 그것을 찾았거나 '식별'했을 뿐입니다. 그것은 처음부터 당신에게 주어졌습니다."

그러므로 어떤 사람의 개인 성소를 "확인"하게 되는 아주 특징있는 한 가지 경향이 **그의 구체적인 삶의 역사와 내면의 역동성**(즉, 내면에 있는 힘의 움직임) **안에 새겨져 있다**는 것이다.

위에서 심리학과 영성 사이의 밀접한 관계에 대해 구체적인 경험에서 얻어진 나의 확신을 이야기했다. 나는 이것을 오늘날 많은 심리학과 상담심리학파들도 내가 말한 개인 성소를 확인하는 특별한 방법에 가까이 접근하고 있는 사실에서도 현저하게 확인할 수 있다. 예를 들어, 교류 분석(Transactional Analysis = TA)은 "삶의 각본들"(life-scripts)에 관해 말하고 있고, 이라 프로고프(Ira Progoff)의 「일지 연수」 (*Journal Workshop*)에서는 사람들이 개인의 일지를 기록하면서 그들의 "삶의 방향들"(life-lines)을 찾는 훈련을 하고 있으며, 아주 최근에 "정신합성"(psycho-synthesis)에서는 그들의 삶에서 "합성 유형들" (synthesis patterns)의 흔적을 찾는 데 초점을 모으고 있다. "개인 성소"에 관해 내가 모든 것을 언급한 후 묻고 싶은 것은, 한 사람의 개인 성소보다 더 기본적이고 근원적인 그의 "삶의 각본" 혹은 "삶의 방향", 혹은 삶에 "합성 유형"과 상관되는 것이 무엇일까? 그리고 주의해 볼 것은, 교류 분석이 한 사람의 여러 가지 "삶의 각본들"을, 프로고프의 「일지 연수」가 특정한 사람을 위한 몇 가지 "삶의 방향들"을 그리고 정신합성은 어떤 사람의 삶에서 여러 가지 "합성 유형들"을 알려 준다. 반면에 "개인 성소"는 하느님이 주신 **고유한** "삶의 각본"이거나, "삶의 방향", 혹은 삶에 있어서의 "합성 유형"이다. 이것은 내가 앞에서 말한 나의 확신을 다시 한번 입증해 준다. 즉, 사람이 이를 어떻게 보든지간에, 영성은 심리학의 가장 심오한 차원으로 혹은 가장 높은 차원으로 볼 수 있다는 것이다.

나) "개인 성소"에 대해 아주 좋은 질문을 하나 제기할 수 있다. 즉, 특정한 사람의 "개인 성소"는 항상 같은가? 혹은 살아가면서 바뀌는가? 개인 성소를 확인하

는 하나의 선명한 방향은 이 질문에 대한 대답에서 드러난다.

 나 자신의 경우에서와 같이 성령께서 인도하시는 길을 함께 걸어가고 있는 사람들의 경우에서도, 개인 성소는 어떤 측면은 절대로 변하지 않는 반면에 — 사실 변할 수 없다 — 계속되는 삶과 더불어 그것의 어떤 측면이 바뀌기도 한다는 것을 나는 체험했다. 개인 성소는 근본적으로 교회 안에서 위계적으로 이루어진 여러 가지 성소의 모든 차원들을 활성화하는 "영"이라는 것을 우리는 이미 보았다. 예를 들어, 열 명의 예수회 사제들의 집단의 한 사람 한 사람은 그리스도인, 사제, 수도자 그리고 예수회 회원이 되는 그의 고유한 길이나 "영"을 지닌다고 우리는 말했다. 이 고유한 길이나 "영"은 **절대로 변하지 않는다**. 나의 일생을 위해 "나의 어머니 태중에서부터" 하느님께서 나에게 주신 나의 고유성이 어떻게 바뀔 수 있겠는가? 그러나 우리의 육화의 역사 속에는 "순수한" 영의 영역이 없다. 영은 언제나 육화되고 실현되고 구체화된다. 생활 환경이 바뀜에 따라 바로 이 육화, 구체적 실현과 구현이 계속 변한다. 그래서 생활이 바뀜에 따라 한 사람의 개인 성소는 새로운 "측면", 새로운 "색깔", 새로운 "깊이"를 가진다.

 그러므로 살아가면서 상황의 변화에 따라 한 사람의 개인 성소가 한결같으면서도 한결같지 않은 것을 발견하는 것은, 그의 개인 성소를 확인하는 또 하나의 아주 힘있는 길임이 확실하다. 이러한 개인 성소의 역동적 특성은 이것이 삶과 삶의 변화와 얼마나 밀접하게 연결되어 있는지를 보여준다. 이것은 유기체로 살아 있는 것이면 무엇이든 계속 발전하는 동시에 하나이며 동일한 근본적인 정체성에 뿌리를 내리고 있음을 말해준다.

마지막으로, 개인 성소가 지속되고 영속되는 "의미"를 지니는 독특한 특성이 있다는 것을 우리는 깨닫는다. 우리는 "의미"가 있는 것에는 절대로 진력을 내지 않는다. 사실 인생의 순례길에서 우리는 "의미가 없는 것"은 계속 떨쳐 버리지만, "의미가 있는 것"은 붙잡고 놓으려 하지 않는다. "의미"있는 것은 점점 더 "의미로 가득 차게" 된다. 일반적으로 "의미"가 이토록 중요하다면, 한 사람의 삶에 하느님께서 주신 근원적이고 고유한 "의미"인 그의 "개인 성소"에 관해 우리가 무엇을 말할 것인가?

IV

개인 성소를 통해 얻어진
깊은 내면의 변화

"개인 성소"에 관해 지금까지 설명해 온 모든 것이 그것을 식별하고 충실하게 살면, 자연 따라오게 되는 심오한 삶의 변화에 대해 이미 빛을 던져 주었다. 하지만 일상의 생활과 사도직에 대해 "개인 성소"가 미치는 독특하고 광범위한 몇 가지 결과들을 뽑아 강조하고자 한다.

①

매일 매순간 내리는 결정

식별이 오늘날 그리스도교 영성에 단연 중요한 단어임에 틀림없다. 세상과 교회의 현 상태가 이에 대한 절박한 필요성과 긴박성을 말해 준다.

결정을 내리기 위해 식별을 하게 될 때 — 식별에 관해 그리스도교 전통에 가장 독창적인 기여를 한 것 중의 하나가 이냐시오 성인의 대표적 작품인 『영성 수련』임이 분명하다 — 일상생활에서 일어나는 세세한 부분까지 식별 과정을 거쳐 결정을 내리려면 너무 복잡하고 시간 낭비라고들 종종 말한다. 우리가 할 수 있는 최선의 길은 결정을 내리기 위해 신중하게 고려하는 과정을 거치면 된다고들 말한다. "찬성하는 점"과 "반대하는 점"을 빨리 고려해 보고, 좀더 낫다고 여겨지는 이유들이 있는 편으로 결정을 내리는 것이다.

이 점에 관해 나는 전적으로 의견을 달리한다. 식별한 "개인 성소"는 삶의 **모든** 결정만이 아니라, 일상생활에서 일어나는 세세한 부분에까지 결정을 내리는 데 **식별의 기준**이 됨을 나는 확신한다. 자주 반복되고 잘못 사용되는 어구이기도 하지만, 나의 "개인 성소"는 가장 깊은 신학적 의미로서 나를 위한 "하느님의 뜻"이기 때문이다. 두 가지 중 하나를 선택해야 할 상황에 내가 처했을 때, 나의 "개인 성소"는 어떤 것이 **나를 위한** 하느님의 부르심, 하느님의 뜻인지 **식별하여** 결정하도록 나를 도와 줄 것이다. 마음 속 깊이 자리잡고 있는 "개인 성소"의 자세에서 두 가지를 따로 떼어 저울질해 보면, 몇 분 안으로 어떤 것이 나의 "개인 성소"에 딱 "들어맞고" 어떤 것이 "잡음을 내는 것"인지 나는 마음 속에서 "체험"할 수 있다. 나의 개인 성소는 나의 삶에 근본적인 위로가 되기 때문이다. 마음 속 깊이에서 개인 성소의 자세를 취하면, 나는 즉시 나의 예수를 만나게 된다. 근본적으로 더 깊고 강한 위로를 주는 것이 주님께서 고유하고 독특하게 나를 부르시는 것이다.

윤리학과 윤리신학의 전반적인 쇄신에 있어서 오늘날 우리는 "실존적 윤리"에 관해 많이 말하고 있다. 달리 말해서, 내가 취하게 되는 하나하나의 선택에서 **나에게 고유한** 부르심이 있다. 옳고 그름이나 좋고 나쁜 도덕적 기준에 의해 사는 구약의 사람이라면, 구체적으로 선택해야 할 것들이 둘 다 좋은 것일지라도 도덕적으로 나는 어느 것이든 택할 자유가 **없다**. 하지만 신약의 사람인 나는 "더 큰 사랑"으로 불림을 받았다. 나의 예수께서 고유하고 독특하게 나를 부르시는 것이다. 이렇게 고유하고 독특한 부르심을 식별하는 기준이야말로 나의 "개인 성소" 외에 다른 것이 없다. 나의 개인 성소로 이 부르심을 식별한 후, 이것을 따르면 나는 주님과 깊은 인격적 사랑의 관계 안에서 살게 된다. 내가 실제로 이를 선택하는 일을 소홀히하고 모른 척 해 버리면, 교통법이나 규정을 거스르는 것과 같은 도덕적 규율을 내가 거스르고 있는 것이 아니다. 현실적으로 인격적 사랑을 저버리고 있는 것이다. "개인 성소"가 미치게 되는 인격적 변화가 얼마나 깊고 본질적인 것인지 분명하다. 여기서 이에 관해 나는 더 상세하게 다룰 필요가 없다고 본다.

이런 견지에서 이냐시오 성인께서 특징적으로 내세우셨던 좌우명인 "더 큰"(magis) ― "더 큰 사랑"과 "임금이신 하느님께 더 큰 섬김과 찬미와 영광" ― 이라는 말씀이 참으로 의미하는 바를 나는 아주 깊은 차원에서 새롭게 이해하기 시작했다. 이냐시오 성인께서 말씀하시는 "더 큰" 것이란 어떤 양적인 요소나 요인과는 무관하다. 이것은 어떤 특정한 사람이 할 응답의 질적인 "고유성"이나 "독특성"과 관련이 있다. 달리 말해, 이것은 내가 "개인 성소"라고 하는 것과 직접적인 관계가 있다. "성령께서 사람들의 마음 속에 기록하시고 새겨 놓으신 박애와 사랑의 법"(예수회 회헌 134)의 탁월성에 관해 이냐시오 성인께서 아주 분명하게 가르치신 것을 나는 새롭게 이해하게 되었다. 이것이야말로 하느님께서 우리들의 마음 속에 새겨놓으시리라고 예언자들이 미리 말했던 신약의 법이 아닌가(참

조: 예레 31,31-34; 에제 11,17-20; 36,24-28)? "개인 성소"의 실재 자체가 아니라면, 인격화한 "더 큰 사랑"의 법이란 무엇일까? 이 모든 것이 그리스도인의 삶과 사도직 수행의 분위기와 본질에 얼마나 포괄적인 영향을 미치는 것인지!

②

모든 것 안에서 하느님을 찾기

개인 성소는 한 사람이 "그리스도인"이 되는 **고유한** 길이다. 즉, 앞서 본 바와같이, 그것은 **어떤** 인간적 체험에서든지 자신을 봉헌하고 내맡기는 고유한 길이다. 누가 어떤 인간적 체험을 하든지 바로 그 체험 안에서 그리고 그 체험을 통해서 그 자신만의 고유한 방법으로 그는 주님을 만날 수 있게 된다. 달리 말하면, 사람은 모든 것 안에서 하느님을 찾을 수 있다. 혹은 네이덜(Jerome Nadal) 신부의 유명한 표현을 빌리자면, "사람은 바로 자신의 활동 안에서 관상할 수 있다"(contemplative in one's very action)는 것이다.

영성 수련의 심원한 역동성에서 흘러나오는 것을 달리 표현하자면, 모든 것 안에서 하느님을 찾기 위해 그분의 지극히 거룩한 뜻에 따라 모든 피조물 안에서 그분을 사랑하고 그분 안에서 모든 피조물을 사랑하기 위해 "자유로운 마음", 내적 자유가 점점 자라나야 한다는 것이다(영성 수련 전체를 통해 내적 자유가 자라나는 과정에서 흘러나오는 결과로서 사랑을 얻기 위한 관상: 영성 수련 223; 예수회 회헌 288 참조). 이렇게 보면, 모든 인간적 체험 가운데에서 "자유"로워지며

"자유"로이 머물게 되는 한 개인의 비결인 각자의 "개인 성소"를 주님께서 우리 각자에게 선물로 주셨다.

영성 수련을 통해 실제 삶의 한가운데서 "내적 자유"를 얻기 위해 이 모든 것은 이냐시오 성인이 대중화한 아주 구체적이고 독특한 방법, 즉 양심 성찰과 특별 성찰을 새로운 차원에서 잘 이해할 수 있게 한다.

양심성찰이 그저 하나의 도덕적 수련이 아니라는 것을 올바르게 이해하여야 한다. 이것은 매일 하는 **식별** 훈련이라 하겠다. 내가 매일 실제로 거치는 체험 안에서 그리고 체험을 통해서 신실한 그리스도인이기를 추구하는 신약의 수련이다. 어떤 체험이든 나의 구체적인 체험을 **의식적으로 받아들인 것**에 한해서, 그것에 맞갖은 **그리스도인의 자세**를 취할 수 있기 때문이다. 즉, 바로 그 체험을 통해서 그리고 체험 안에서 나 자신을 주님께 봉헌하고 넘겨드리거나 그분을 위해 "자유"로워질 수 있기 때문이다. 그리고 나는 틀림없이 이렇게 하는 나 자신만의 **고유한 방법**과 **개인적인 비결**을 항상 지니고 있으니 나의 "개인 성소"에 감사할 일이다. 우리가 이러한 전통적인 그리스도교적 식별을 하기 위한 수련을 "의식 성찰"이라고 새로운 이름을 붙이게 된 것은 이상한 일이 아니다. 오늘날 이에 대한 우리의 새로운 이해가 생겼다. 기도중에 감사를 드리는 것으로부터 시작해서, 의식적으로 받아들인 자기 자신의 실제 체험을 통해 주님을 향해 온 마음을 모으는 것이 의식 성찰이다. 바로 이를 위한 **개인의 고유한** 방법이 있다는 것은 매일의 식별을 위해 "개인 성소"가 지닌 깊고 폭넓은 특성이라 하겠다. ("의식 성찰"을 더 잘 이해하기 위해 〈부록 I〉을 보라.)

그러면 "특별 성찰"이란 무엇인가? 나를 변화시키는 나 자신의 개인 성소를 은총의 선물로 받고 매일의 생활과 사도직에서 이의 능력을 체험하기 전까지는, 나는 "특별 성찰"의 참뜻과 고전적 영성가들이 이것을 "영성생활의 맥박"이라고 부르는 것을 이해하지 못했다. 내가 깊이 깨닫게 된 "특별 성찰"은, 어떤 특정한 사람에게 **독특하게 고유한** 성찰이다. 그러므로 각자의 "개인 성소"와 다를 바가 없다! 그러므로 이것은 인간 체험의 커다란 소용돌이 속에서 한 사람이 내리게 되는 그리스도교적 식별의 고유한 기준이다. 어떤 인간적 상황에서라도 그 사람이 주님을 만나기 위해 자신을 내어놓는 고유하고 독특한 방법이다. 결국, 이것은 사람이 "모든 것 안에서 하느님을 찾는" 그 사람만의 고유한 방법이다. 자신의 "특별 성찰"을 생활화하는 것이 사실 그의 영성생활 전부를 내포한다고 하면 너무 지나친 것일까? 내가 내 삶 한가운데서 **하느님이 주신 의미**를 살고 있을 때만 나는 참으로 살아 있는 것이 아닌가. 그렇지 않으면, 나는 죽은 것과 다를 바가 없다. 이것이 우리가 말하는 "맥박"이 아닌가! ("특별 성찰"을 더 잘 이해하기 위해 〈부록 II〉를 보라.)

기초 양성과 지속적인 교육

어떤 사람을 철저하게 교육시키거나 양성시킨다는 것은 외부로부터 무엇을 "주입"시키는 것이 아니라, 그 사람의 내면에 자리잡고 있는 풍부한 능력을 끌어낸다거나 뿜어내게 한다거나 혹은 자유로이 발휘하게 하는 것이라는 것을, 오늘날 양성이나 교육 혹은 훈육의 분야에서 인정하고 있음은 자명한 사실이다. 현대 심리학, 특히 교육 심리학이 이를 의심없이 인정한다. "교육하다"(라틴어: educere)란 단어의 어원들도 그 안에 자원과 풍요를 이끌어 내는 과정임을 시사한다.

어떤 사람 안에 내재하고 있는 가장 풍요한 자원이란 되풀이될 수 없는 그의 고유성과 가장 참된 그의 "자아"가 아니고 무엇이겠는가? 그래서 가장 깊은 의미에서 어떤 사람을 근원적이며 근본적으로 양성하거나 교육한다는 것은 그로 하여금 "개인 성소"의 가장 내면적 자원들을 찾아내거나 식별하도록 돕는 일이다. 밖으로부터 "주입"된 모든 것들은 한 개인의 독특한 삶에서 개인적이고 고유한 "의미"와 연관이 있는 한 참으로 교육적인 효과가 있게 될 것이다. 그것이 의미와 관련이 없게 되면, 그것은 길바닥에 떨어져서 "밟히기도 하고 하늘의 새가 쪼아 먹게도 될 것”(루가 8,5 참조)이다.

　오늘날 우리가 “지속적인 교육”이라고 부르는 것의 참 의미를 이 자체가 말해 준다. 지속적인 교육의 핵심은 이 자체로 가치있는 것일지라도 새로운 재교육 프로그램에 달려 있지 않다. 한 사람의 지속적인 양성의 모든 근원과 비결이 되는 것은, 삶에서 그의 존재의 가장 깊은 내면의 자원, 즉 그의 삶에 되풀이될 수 없는 의미인 것이다. 각자의 “개인 성소”는 그 사람의 성장과 지속적인 양성을 위해 “의미로 가득 찬” 그의 인간적 체험의 분위기나 전반적인 흐름으로부터 끊임없이 무엇을 취하는 살아 있는 안테나다. 모든 “동기”는 “의미”로부터 흘러나오기 때문이다. 그의 체험의 테두리 안에 있는 것이 삶의 “의미”와 무관하면 자연히 떨어져 나간다. 사실상 의미와 관련이 있는 것만이 계속적인 발달과 성장을 위해 개인적 의미에 의미를 더하게 한다. 그러므로 자신의 개인 성소에 응답하는 삶을 살고 있는 사람은, 말 그대로 진정한 의미에서 지속적인 양성중에 있는 사람이라 하겠다.

마 무 리

내가 "개인 성소"에 관해 언급한 것은 어떤 것을 읽거나 들은 데서 나온 것이 아니라는 것을 이 글을 끝맺으면서 고백해야겠다. 이 주제에 대해 기록된 것을 나는 어디에서도 찾지 못했다. 아마 있을지도 모르지만 그것을 모르고 있다는 것을 나는 인정한다. 어떤 토론회에서도 이것에 관해 말하는 사람이 있다는 것을 들어보지 못했다. 내가 앞에서 자세하게 나눈 것들은 다 나의 생활 체험이며 — 덧붙여 말한다면 — 많은 사람들의 영성생활을 동반할 은혜와 특권을 누리게 한 영의 사도직에서 내가 얻은 그 사람들의 풍부하고 살아 있는 놀라운 체험들이다. 그러므로 내가 나눈 것은 생생히 살아 있는 깊은 체험에서 나온 것이지 어떤 증거가 되는 무엇을 내세울 것이 없다. 그러나 언제나 신학적으로 증명이 되는 것들이다.

내가 언급한 "개인 성소"에 관한 주제에 대해 과장된 개인주의이며 사회 참여와 책임감을 소홀히 여기는 것이라는 비난이 쏟아지리라는 것을 모르는 바는 아니다. 그러나 나는 이에 대해서도 이론에서가 아니라 산 체험에 기인한 마지막 한 마디를 털어놓고자 한다.

개인주의(individualism)와 인격주의(personal-ism)는 천지의 차이가 있다. "사람"(person)이란 개체 자체 안에 닫혀 있는 존재가 아니라(이는 개인주의다) 필연적으로 타인에게 열려 있는 자유를 내포한다. 사람은 바로 자신이 맺은 상호 인격적 관계에 의해 성장하고 성숙한다. 로저스(Carl Rogers)가 『사람이 되는 길』(*On Becoming a Person*)에서 가르친 것은 깊은 통찰에서 나온 것이다. 우리는 바로 우리가 맺은 인간 상호관계를 통해서만 더욱 진실되게 "사람"다워진다. "사람"과 "공동체"는 서로 대치되는 용어가 아니다. 밀접한 상호관계가 있다. "사람"은 공동체 안에서만 "사람"다워진다. 그리고 공동체도 활기차고 책임감 있는 사람들로 형성된 공동체일 때만 하나의 참된 공동체가 된다(회원들이 책임성 있게 공동체의 과업과 목표를 그들 자신들의 것으로 수행하고 있는 곳이다).

이런 맥락에서, "개인 성소"는 자신 안으로 수그러드는 것이 아니라, 사람이 자신을 **봉헌하고 내어맡기는**, 되풀이될 수 없는 그 사람만의 고유한 방법이라는 것을 우리는 잘 기억할 것이다. 달리 말해서, "개인 성소"는 공동체를 향해, — 더 나아가 사회적 현실, 사회적 책임감, 사회적 투신에로 — 마음을 여는 한 사람의 되풀이될 수 없는 고유한 방법임이 틀림없다.

최근에 엘리어트(T. S. Eliot)가 쓴 『실용적인 고양이들에 관한 포슘의 옛 책』(*Old Possum's Book of*

Practical Cats, Faber and Faber Ltd.)에서 「고양이 이름짓기」(*The Naming of Cats*)라는 매력적인 시를 우연히 읽게 되었다. 나는 그것을 읽으면서 굉장히 흥분되었고, 이것은 "어린이들"만을 위해서가 아니라(그의 나이 30대에 이것을 쓸 때 그가 지향한 것처럼) 어른들을 위해서 매우 적합한 것이라고 느꼈다. 그래서 요즘에 여러 곳을 다니면서 "개인 성소"에 관해 이야기한 다음 나는 으레 이 시로써 끝을 맺는다. 마찬가지로, 엘리어트에게 사의를 표하면서 나는 이 시로써 이 소책자를 끝맺고자 한다.

고양이 이름짓기

고양이 이름짓기란 어려운 일이다
휴가를 즐기며 할 수 있는 놀이가 아니다
고양이가 다른 이름 셋을 가져야 한다고 내가 말하면
당신은 즉시 내가 아주 화가 나 있다고 생각할 것이다
제일 먼저 가족이 매일 부르는 이름이 있다
베드로, 아오스딩, 알론조, 제임스,
빅터, 죠나단, 죠오지, 빌 베일리 같은
그 모두는 알아들을 만한 일상적 이름들이다
물론 좀더 환상적 이름들도 있다
당신이 더 멋있게 들린다고 생각한다면
몇몇은 신사들을 위한 것, 몇몇은 숙녀들을 위한 것
플라노, 아드메트스, 엘렉트라, 디메터
그러나 그 모두는 무난한 일상적 이름들이다

그러나 고양이는 특별한 이름이 필요하다
하나의 특이한 이름, 좀더 위엄있는 이름
그렇지 않으면 어떻게
그가 그의 꼬리를 하늘 높이 치켜세울 수 있겠으며
그의 수염을 펼칠 수 있으며 긍지를 품을 수 있겠는가
이같은 종류의 이름은 당신이 원하는 대로 줄 수 있다

문크스트랍, 콰소, 코리코파룸,
봄바루리나, 혹은 젤리로룸
단 한 마리 고양이에게만 주어진 이름들

그러나 그밖에 또 한 이름이 남아 있다
그리고 그 이름은 당신이 도무지 짐작할 수도 없다
어떤 사람의 연구로도 찾아낼 수 없는 이름
그러나 그 고양이 자신은 안다
그러나 절대로 고백하지 않을 것이다
깊은 명상중에 있는 고양이를 당신이 주시할 때
그 이유는 항상 똑같다
그의 마음은 황홀한 관상에 잠겨 있다
그의 이름에 대한 생각, 생각, 생각에
이루 말할 수 없는, 표현할 수 없는
정녕코 말할 수 없는
심오하고 불가사의한 단 하나의 이름

의식 성찰

요 몇 년 동안 피정중에 그리고 피정이 아닌 때라도 사제들과 수도자들 그리고 열심한 신자들이 "양심 성찰"하기를 그만둔 지가 오래 되었노라고 나에게 이야기하는 것을 종종 듣곤 했다. 이런 것은 그들에게 전혀 의미없는 일상적인 일이 되었다. 그들이 배운 교리에도 맞지 않는 "양심 성찰"을 매일 똑같이 — 어떤 때는 두 번씩이나 — 되풀이하는 것이 무슨 의미가 있느냐고 그들은 묻는다. 먼저 세상을 창조하시고, 구원하시고 거룩하게 하시고, 불러주신 은혜와 개인으로 받은 은혜 등에 대해 하느님께 감사드리고, 그 다음 그들의 죄와 잘못들을 볼 수 있는 빛을 구한 다음, 그들 자신들을 살펴 죄들을 알아낸다 (가끔 아무것도 찾아낼 수 없지만, 분명히 몇 가지 잘못을 저질렀다고 생각할 것이다). 그 다음에 그들은 뉘우치는 행위와 고치려는 뜻을 세우고, 확실히 모르면서 그들은 다시는 그렇게 하거나 하지 말기 위해 고칠 것을 약속하고 있다. …

나는 이런 반복된 이야기에 충격을 받았다. 그래서 나는 전통적이지만, 심오한 영성 수련이 봉헌된 생활을 하는 수많은 열심한 그리스도인들에게 왜 하나의 "일상적인 일"로 그쳐버렸는지 나 자신에게 물어보았다. 나는 하나의 대답을 얻었다고 생각한다. 우리는 "양심 성찰"을 그저 하나의 **도덕성** 수련으로 몰고가 버렸다. 사실 "양심 성찰"은 매일의 **식별**을 하기 위한 수련이다.

도덕성 자체가 구약에 속한다. 신약에서의 전형적인 것은 단지 도덕성에 그치는 것이 아니라 식별이다. 예수 그리스도의 제자들인 그리스도인들로서 우리들의 행위와 행동의 기준은 단지 그릇된 것에 반대되는 올바른 것이 아니고, 나쁜 것에 반대되는 좋은 것이 아니다. 신약의 법은 사랑의 법으로 우리 자신들 밖에 있는 돌에 새겨진 것이 아니라, 우리들 마음 속에 새겨진 것이다. 신약의 사람인 그리스도인은 어느 쪽이 "더 큰 사랑"이냐를 묻는다. 둘 다 좋은 것일 때 둘 중의 하나를 선택하기 위해 그는 도덕적으로 자유롭지 못하다. 그리스도인은 그를 부르는 "더 큰 사랑"이 있는 곳을 알기 위해 노력하는 식별을 통해 결정을 내린다. 이런 의미에서 식별을 위한 훈련으로서 "양심 성찰"은 **전형적인 신약의 수련**이다.

그리스도교적 식별의 특징은 **체험**에 근거를 둔다는 것이다. **영들의 식별**이란 영들의 방향을 알아내어 그것들의 근원을 확정짓기 위해 **내면의 영적 체험들**을 체로 치듯이 걸러 보는 일이라 하겠다. 그것들이 하느님께로부터 왔으면 우리들 자신의 것으로 삼고, 반대의 영으로부터 왔으면 거부하기 위해서이다. 더 나아가 우리는 제일 먼저 우리 체험을 **의식해야** 체험을 다루게 된다. 그러므로, 그것은 바로 식별을 위한 훈련이기 때문에 "양심 성찰"은 **의식 성찰**이다. 어떤 체험이든 우리의 구체적이고 실제적 체험을 의식하는 일이다.

라틴계의 모든 언어에서는 "양심"(conscience)과 "의식"(consciousness)에 같은 단어가 사용된다는 것은 인상적인 일이다. 라틴어 자체에서는 conscientia, 스페인어에서는 conciencia, 이탈리아어에서는 coscienza, 그리고 프랑스어에서는 conscience가 두 가지 개념을 위해 통용된다. 사실은 식별을 위한 수련으로서의 "의식 성찰"(consciousness examen)을 **양심 성찰**(examen de conciencia)로 영성 수련을 통해 널리 퍼뜨린 장본인이 바로 이냐시오 성인이다.

그러면 실제로 우리는 이 식별을 하기 위한 수련을 어떻게 하나? 이를 위한 특별한 단계들에는 어떤 것들이 있을까?

1. 감사 기도

우리는 전형적인 그리스도교적 수련을 하고 있기에 "감사"드리는 것으로 시작한다. 그리스도교적 영성생활의 모형(image)은 남녀를 불문하고 하느님께 나아가기 위해 안간힘을 쓰는 것이 아니다. 성서적 계시에 의하면 우선권이나 이니시어티브는 하느님으로부터 온다. 우리 삶 속으로 선물들, 은총, 사랑과 능력을 가지고 오시는 분은 하느님이시다. 우리 편에서는 그분과 그분의 구원 행위를 **적극적으로 받아들이는** 것이다.

그래서, 하나의 **독특한 그리스도교적 수련**이란 맥락에서 "의식 성찰"을 생각하면, 우리 안에 그분의 선물들, 은총, 그분의 활동 그리고 우리 삶 속으로 들어오시는 하느님께 사의를 표명하는 것부터 시작한다. 우리는 그분께 **감사드린다.**

2. 체험

위에 언급한 전형적인 그리스도교적인 맥락에서 우리는 식별을 하기 위한 수련을 시작한다. 그 체험이 긍정적이든 부정적이든 상관없이 먼저 하루나 반나절 동안 실제로 있었던 **체험**을 돌이켜본다. 우리가 이 체험을 다루려면, 그것을 의식하여야만 하고, 그러고 나서 무슨 체험이든 그것을 **받아들여야** 한다.

가) 실제로 일어났던 체험을 **의식**하거나 **인식**함
나) 그 체험을 **받아들임**

우리는 받아들이는 단계를 좀 길게 다룰 필요가 있다. 이 부분을 너무나 소홀히해 버리는 수가 자주 있기 때문이다. 우리는 "찬성하는 것"과 "받아들이는 것"과를 분명하게 구별해야 할 것이다. "찬성"이나 "불찬성"은 하나의 **판단**이며, "받아들임"이나 "받아들이지 않음"은 하나의

마음의 **자세**다. 하느님께서 내가 말하고 행동하는 많은 일들을 "찬성"하실 수 없으시지만, 바로 그 모든 일에서 그분은 나를 **조건없이** "받아들이신다". 이 점에 관해서 나는 절대적이며 분명한 확신을 가진다. 하느님께서 나를 위해 하시는 바를 나는 나 자신을 위해서도 해야 할 필요가 있다. 우리는 "찬성"과 "받아들임", "불찬성"과 "받아들이지 않음"을 혼동하거나, 어떤 체험을 "의식"하거나 "인식"하는 것을 즉각적으로 "받아들이는 것"이 포함되어 있는 것으로 착각하여 지나쳐 버리는 것을 나는 체험을 통해서 알았다. 우리는 우리 각자 안에 자연적으로 작용하는 "받아들이지 않는" 내면의 힘을 지니고 있다는 것이 사실이다. 그리고 상담과 영적 지도에서 얻은 큰 결실 중 하나가 실제로 일어나는 인간적 체험을 "받아들이지 않음"으로써 좋은 뜻과 좋은 지향을 가진 수많은 사람들이 인간적으로 그리고 영적으로 효과있게 성장하는 데 방해를 받고 있다는 것을 깨닫게 된 것이다.

"받아들이지 않는" 내면의 힘이 우리 안에 얼마나 자연스럽고 쉽게 자리잡으려고 하는지 구체적으로 살펴보는 것이 바람직하겠다. 우리는 우리의 체험에서 도망가려 하거나, 그것을 두려워하거나, 그것에 대해 죄책감을 가지거나 그것을 누르고 억압한다. 이것들은 실제로 일어나는 체험을 받아들이지 않는 여러 가지 형태다. 나는 그 모든 체험을 지워 없애버리고 나서 우리가 어떻게 체험에 **대처하겠다**고 하는지에 대해 의문을 던진다?!

예를 들어, 내가 참지 못해서 화를 내어 냉정을 잃었다는 것을 인식하거나 의식했다고 하자. 아주 자연스럽게 나는 내 안에 두 가지 자세 중 하나를 즉시 취한다. 그런데 아주 가끔, 그 자세는 말로 표현되지 않는다(이 일은 모르는 사이에 이루어지게 마련인데, 이것을 말로 드러낼 수 있도록 이해되면, 나는 그것이 어떤 것인지를 알게 될 것이기 때문이다). 나는 자기 연민에 빠지기 시작한다. 말로 표현하자면 다음과 같이 들릴 것이다: "나는 사실은 착한 사람인데 그들이 나를 이해하지 못한다. 내가 불쌍하지!" 혹은 나는 자기 정당화로 내 입장을 주장한다. 그것을 말로 표현하자면 아래와 같이 들릴 것이다: "그들이 나를 건드렸으니 그들이 받을 걸 받은 거지!"라고 한다. 자기 연민과 자기 정당화는 심리학적 용어로 볼 때 둘 다 체험을 "받아들이지 못하는" 자세임을 쉽게 알 수 있다.

나의 "의식 성찰"에서 나는 "부정적"인 체험을 다룰 때만이 아니라, "긍정적"인 것들을 다룰 때도 같다는 것을 보여 주는 예를 들어 보겠다. 나의 도움을 필요로 하는 이들에게 내가 참으로 친절하고 너그럽게 다가갔다는 것을 인식하거나 의식했다고 하자. 이 경우에도 마찬가지로 아주 자연스럽게 나는 극단적인 두 가지 자세 중 하나를 취한다. 내가 착한 일을 했다는 것을 감히 인정하지 못하기에 "기분좋게 느끼는 것에 대해 언짢게 느끼기" 시작한다(나는 교만하고 거만해질까 두려워 내가 한 선행을 인정하지 않도록 잘 훈련받았다). 혹은 남들에게 매우 친절하게 다가간 나 자신을 "모든 덕행의 귀감"이나 된 듯 여겨 실제와는 균형이 맞지도 않게 나의 체험을 부풀린다(나는 다른 사람들에게 덕행의 모델로서 추천되어 내세워질 준비가 되어 있다!). 두 가지 다 포착하기 힘든 "비수용"의 형태들이다.

이는 우리들의 실제 체험을 진정으로 **받아들이는** 노력을 하기 위해 시간을 내는 일이 절대적으로 필요하다는 것을 말해 줄 뿐이다. 우리는 체험을 받아들이는 일이 저절로 이루어지는 것으로 여길 수 없다.

3. 식별을 통한 "자유"

어떤 체험이든 우리의 구체적인 체험을 단 한 번이라도 우리가 **의식적으로 받아들이면**, 그 체험을 통해 그리고 그 안에서 우리는 신실한 **그리스도인**이 될 수 있다. 우리가 본 바와같이 "그리스도인"을 구별짓게 되는 것은 주님께 **자신을 봉헌하고 내어맡기는** 일에서다. 즉, 주님을 위해 "자유"로워지는 것이며 주님께 마음을 여는 것이다. 그리고, 그분 안에서, 실제적이고 구체적인 인간 체험 가운데 타인에게 마음을 여는 것이다.

우리 개개인은 "개인 성소" 안에 참으로 그리스도인이 되는 **각자의 고유한** 방법을 지닌다. 즉, 어떤 인간적 체험에서도 자신을 봉헌하고 내어맡기거나 "자유"롭게 되는 방법을 지닌다. 달리 말하면, 우리 개개인은 모든 인간적 체험 한가운데에서 **식별을 하기 위한 고유한 비결과 기준**을 지닌다.

그러므로 이 단계에서 "의식 성찰"을 위한 "그리스도교적"인 독특한 방법은 마음 깊이에서 "개인 성소"의 자세를 취하는 것이다. 그것은 실제적이고 구체적인 체험 가운데 그리고 그것을 통해 주님을 만나기 위해 우리 자신으로부터 우리를 "자유롭게" 할 것이다. 그리고 우리가 소위 말하는 "부정적"인 체험에서와 같이 "긍정적"인 것에서도 우리를 자유롭게 할 것이다.

이 모든 단계들을 한마디로 설명하자면, 나는 "의식 성찰"을 다음과 같이 정의하여 표현할 수 있겠다. "의식 성찰"은 기도중에 **감사로부터 시작하여 마음을 새롭게 순응시키는** 것이며, 의식적으로 받아들인 자신의 실제 체험을 통해 주님을 향하여 마음을 모으는 것이다.

화해의 성사는 위에 설명한 "의식 성찰"과 밀접히 연결되어 있다. 성사에 관해 참된 그리스도교적 이해를 지닌 대부분의 가톨릭 신자라면, 중한 죄를 지은 경우 "고해성사"를 보는 것은 의무적이라는 것은 의심할 여지가 없다. 그러나 많은 이들이 "신심적 고해성사"에 임하는 일을 이해하지 못하고 가치있게 여기지도 않고 있다.

내가 위에 언급한 대로 매일 "의식 성찰"을 통해 실제적이고 구체적인 나의 체험의 도가니 속에서 나 자신을 봉헌하고 내어맡기는 노력을 한다면, 즉 신실하게 그리스도인이 되려고 매일 노력한다면, 가끔 혹은 정기적으

로 (두 주간이나 한 달에 한 번씩) 보는 "신심적 고해성
사"는 참된 "그리스도인"이 되기 위해 매일 노력하는 바
를 성사적인 표현으로 절정에 이르게 하는 데 그 의미를
가진다.

 "신심적 고해성사"는 자신을 내어맡기고 봉헌하는 매
일의 노력이, "의식 성찰"을 충실히 실천하므로, 특별히
필요하다고 여겨진 한두 가지 분야에 대해 집중해서 보
면 가장 바람직하다. 이 방법으로 그리스도교적 아픔이
특정한 분야에 집중되고, 그리고 그리스도인의 생활과
사도직이 바로 그 분야에서 지속적으로 성장하기 위해
성사의 은총은 구체적으로 그 분야를 향해 내려진다. 경
험에서 보면, 사실상 "신심적 고해성사"는 구체적인 그리
스도인 생활의 견지에서 가끔 효과도 결실도 없는 것으
로 퇴색되었다. 너무나 여러 가지 분야와 광범위한 것들
에 관해 의식하고 노력을 기울여야 했기 때문이다.

특별 성찰

"특별 성찰"에 관해 한마디라도 하려고 하면, 즉시 영적 수련의 초기 단계에서 작성했던 "영적 계산서"와 같은 종류로 별로 효과도 없었던 생각이 떠오른다. 잘못이나 부족한 점들을 끄집어 내어 이 측면에서 실패한 번수를 매일매일 합쳐나가고, 그리고 점차적으로 이런 실패들을 줄여 나가기 위해 온갖 노력을 다한다. 그렇지 않으면 덕행과 같은 긍정적인 분야에 집중하여 그 덕행을 실제로 실천하는 횟수를 매일 유지하면서 같은 덕행의 수련이나 행위를 꾸준히 더해 가도록 하는 것이다.

솔직히 우리가 이런 "특별 성찰"을 수행하면서 양성된 수많은 사람들의 실제 체험을 염두에 둔다면, 우리는 "영적 계산서"와 같은 종류의 수련이 아무런 도움이 안되었다는 것을 인정해야 할 것이다. 이런 수련은 "부질없는 것"으로 여겨 "지속하기엔 불가능한 것"으로 수련 초기에 집어치웠다. 영성에 관한 글을 쓴 위대한 작가들에 못지 않은 빨마 신부 — 16세기 후반과 17세기 초반에 알려진 예수회의 영적 지도자 — 는 자신의 체험과 자신이 지도하였던 사람들의 체험에서 이런 형태의 "특별 성찰"은 대체로 도움이 되지 못한 것으로 제시한다[영성 수련에 관한 그의 주해서 참조: *Camino Espiritual: Obras del P. Luis de la Palma* (B.A.C., Madrid 1967) 892쪽 이하. 특히 892쪽].

그런데 영성에 관해 고전적인 글을 쓴 작가들은 특별 성찰을 "영적 생활의 맥박"이라고 불렀다! 내가 예수회의 수련자였을 때 다소 권위있게 언급된 것으로 기억하는데 — 이것이 어디에 명문화되어 있는지 나는 아직까지 찾을 수 없지만 — 로욜라의 이냐시오 성인은 일생의 마지막 20~25년간을 허영과 야심에 대해 "특별 성찰"을 계속했다는 것을 인정했다고 한다. 그것이 사실인지 몰라도, 영성작가들의 편에서 본 과장된 신심으로 여겨 "영적 생활의 맥박"이라는 종류의 특별 성찰에 관한 말이면 무엇이든지 지나쳐 버리려 한다. 어떻든 나 자신도 예수회 수련 초기에는 그것을 내버렸다. 이냐시오 성인이 마지막 20~25년간(하느님께서 내려 주신 크나큰 신비적 은총을 체험하시던 시기)을 허영과 야심에 관해 "특별 성찰"을 했다는 그 제언 자체도 나는 내다 버렸다 — "성인들은 그들 자신들에 대해 '신심적'인 것을 항상 말해야 한다"라는 것이 나의 반응이었다는 것을 나는 기억한다!

팜플로나의 전쟁터에서 포탄으로 다리에 중상을 입고 하느님께 온전히 사로잡혔을 때의 로욜라의 이냐시오란 누구였나? 그분 자신이 자서전(nn. 1:4-6) 첫머리에서 다음과 같이 말한다: 그분의 단 하나의 꿈은 세속적 영예와

세속적 영광이며, 왕과 애인을 위해 이룰 영웅적인 공훈이었다! 그런데 하느님께서 그분을 사로잡으셨고 — 이것은 내가 즐겨 하는 말인데 — 180도로 바꾸어 놓으셨다! 하느님께서는 이냐시오에게 말씀하셨다: "너는 너의 가장 큰 영광을 꿈꾸고 있다. 너는 너의 삶에 내가 부여한 **의미**가 너의 가장 큰 영광이 아니라, 나의 가장 큰 영광이라는 것을 아느냐!" 이냐시오의 "개인 성소"는 **하느님의 가장 큰 영광**이었다는 것을 나는 의심치 않는다. 하느님의 더 큰, 혹은 되도록 가장 큰 영광을 위한 것이다. 이냐시오는 일생 내내 이것을 결코 잊지 않았다. 하느님께서 쏟아 주신 선물이 크면 클수록 그분은 영광을 자신의 영광에 돌리지 않도록 더욱 주의깊게 깨어 있었다. 그분은 이런 경향을 지녔다는 것을 그분 자신이 너무나도 잘 알았다. 그리고 가장 커다란 영광을 하느님께 돌리도록 하였다. 이냐시오가 만년에 20~25년간 허영과 야심에 대한 "특별 성찰"을 계속했다는 것이 놀랄 일인가? 그리고 우리는 그것을 명문화할 수 있어야 할까?

무엇보다도 나 자신의 개인적 체험과 더불어 영의 사도직이 나에게 알려 준 것은, 사실상 "특별 성찰"은 구체적인 한 개인에게 "특별"하거나 "특정"하거나 "고유"한 성찰이라는 것이다. 구체적인 한 사람에게 있어 그의 "개인 성소"보다 더 "특별"하거나 "특정"하거나 "고유"한 것이 무엇일까? 스페인어에서 "특별"(particular)이란 단어는 — 이냐시오 성인께서 영성 수련을 통해 "특별 성찰"

을 대중화하셨다 — 영어에서처럼 "일반적"(general)이란 단어의 정반대가 아니라는 것은 의미있는 일이다. 스페인어에서 "특별"이란 단어는 특정한 사람, 되풀이될 수 없는 고유한 한 개인을 의미하기 위해 가끔 사용된다. 예를 들면, "에스테 빠르띠꿀라르 메 로 디호"(este particular me lo dijo)라고 하면, 다른 이가 아닌 바로 이 친구가 나에게 그렇게 말했단 의미다.

그러므로, "특별 성찰"은 "개인 성소"와 다를 바가 없다. 가장 깊은 의미에서 "특별 성찰"은 주제가 많지 않다. 각 사람에게 오직 **하나** 그의 "개인 성소"가 있을 뿐이다. "특별 성찰"은 전반적인 인간 체험의 테두리에서 그리스도인의 식별을 하기 위한 그의 고유한 기준이 된다는 것은 놀랄 일이 아니다. 즉, 한 개인이 어떤 상황이나 더 나아가 모든 인간적 상황에서 주님을 만나기 위해 자신을 내어놓는 그 사람만의 고유하고 특정한 방법이 되는 것이다. 한마디로, "모든 것 안에 하느님을 찾고", "활동 가운데 관상하는" 그 사람만의 고유한 방법이다. 이런 방법으로, "특별 성찰"을 실천하고 그것에 따라 사는 삶은, 사실 그의 영성생활의 전반적인 영역에 영향을 미치게 된다. 그렇다면 "특별 성찰"이 정말 "영성생활의 맥박"이란 것을 인정하는 일이 과장된 신심일까? 사람이 자신의 생활 내면에 **하느님께서 부여하신 의미**를 살고 있지 않는 한 그가 신실하게 살아 있다고 말할 수 없기 때문이다. 그렇지 않으면 사람은 죽은 것과 같다.

특별 성찰 실천

나는 빨마 신부의 이냐시오 영성 수련에 관한 유명한 주해 『영적 도정』(*Camino Espiritual*)에 대해 앞에서 언급했다. 내가 젊은 철학도로 스페인의 바르셀로나(1952~1955년)에 있을 때 영성에 관한 고전을 즐겨 읽었다. 그때 이미 이 유명한 영적 지도자가 "특별 성찰"을 실천하는 데 관해 언급한 것이 나를 크게 깨우쳐 주었고, 나아가 나를 자유롭게 해준다는 것을 알았다.

내가 "영적 계산서"라고 불렀던 모든 방법들을 삼가면서, 빨마 신부는 "특별 성찰"을 실천하는 참신하고 흥미 있는 방법을 제공한다. 아직 그의 "특별 성찰"에 관한 이해가 매일 실제 생활에서 하나의 **특별한** 분야(긍정적이거나 부정적)에 집중해서 실천하는 것이었지만, 그가 제시한 것은 믿기 어려울 만큼 단순하게 보인다. 사실상 그것은 그리스도교적 영성생활과 성장의 본질에 관한 심원한 통찰을 수반하는 것이다.

빨마 신부는 말하기를 "특별 성찰"을 실천하려면 하루 중 꼭 정해진 순간을 선택하여야 한다고 한다. 그 순간이 아주 짧다 하더라도 매일의 일정에서 **반드시** 내어놓을 수 있는 순간이어야 한다. 그리고 이 순간에 "특별 성찰"의 주제로 선택한 특별한 분야의 **마음 자세**를 취하는 것이다. 자기가 실패한 횟수를 헤아리는 것이 절대로 아니다(부정적 분야의 경우). 혹은 실제로 실천한 횟수에 대해서나 스스로 수련한 것을 헤아리는 것이 절대로 아니다(긍정적 분야의 경우). 필요한 것은 이미 언급한 마음의 자세를 취하기 위해, 선택하여 정해 놓은 순간에 충실했는지 자신을 살피는 것이다.

믿지 못할 만큼 단순하지 않은가? 그런데, 영성생활에서 인간의 자유는 무엇보다 하느님을 위해 자유 자체를 적극적으로 **내놓는** 것 외에 다른 역할이 없다는 깊은 통찰이다. 나머지는 하느님이 하신다. 행위의 우선권과 주도권이 하느님께 달려 있다. 바로 그분이 우리 생명을 지키고 구하기 위해 우리 삶 속으로 **끊임없이** 오신다(위대한 계관시인 라빈드라나드 타고르의 시 「기탄잘리」에서 "그분은 오신다, 오신다, 늘 오신다"라고 읊었듯이). 우리 마음을 그분께 **내놓는다면** 우리는 주님과 하나 되는 체험을 할 것이다. 빨마 신부는 "특별 성찰"로 선택한 주제를 자신의 것으로 삼거나 실천하기 위해 정식으로 자기 자신을 "내놓는" 일 외에는 다른 것을 제안하지 않았다. 자신이 확실하게 정해 놓은 순간에 이를 충실히 실천하면, 불시에 기습을 당하거나 방심에 빠져 버리는 일 같은 것은 없을 것이다. 사실상 신중하게 애써 선택하여 어떤 존재가 되려 하거나 무엇을 실천하려고 한다면, 그 존재가 되거나 그것을 실천하게 될 것이다.

여기까지가 빨마 신부의 가르침이다. 그러나 나는 나 자신의 "개인 성소" 식별만이 아니라 삶과 사도직을 통틀어서 개인 성소의 설득력있는 의미와 추진력을 체험하는 특별한 은총을 입었다. 그래서 나는 "특별 성찰"의 올바른 실천이 무엇인지를 더욱 깊이 이해하게 되었다. 내가 보여 준 대로 "특별 성찰"이 "개인 성소"와 다를 바 없고 주님을 위해 진정으로 자신을 **내놓는** 둘도 없이 고유하고 특별한 방법이라면, "특별 성찰"을 가장 의미있게 실천하는 일은 매일의 일정에서 자신이 꼭 할 수 있는 구체적 순간들에서 자신의 내면 깊이에 "개인 성소"의 자세를 취하는 것이다. 다른 방법으로는 할 수 없는 것으로, 이 방법 자체가 자신의 일상생활을 엮어 주는 사람들, 사건과 상황들, 장소와 행위에서 주님을 만나기 위해 자신을 준비시키고 내놓게 한다. 결국은 이것이 사람이 "모든 것 안에 하느님을 찾는" 개인적이고 고유한 방법이다.

분 도 소 책